Taj Mahal

Grace Hansen

Abdo
MARAVILLAS DEL MUNDO
Kids

abdopublishing.com

Published by Abdo Kids, a division of ABDO, P.O. Box 398166, Minneapolis, Minnesota 55439.
Copyright © 2019 by Abdo Consulting Group, Inc. International copyrights reserved in all countries.
No part of this book may be reproduced in any form without written permission from the publisher.
Abdo Kids Jumbo™ is a trademark and logo of Abdo Kids.

Printed in the United States of America, North Mankato, Minnesota.

052018
092018

THIS BOOK CONTAINS
RECYCLED MATERIALS

Spanish Translators: Laura Guerrero, Maria Puchol

Photo Credits: Getty Images, Granger Collection, iStock, Shutterstock

Production Contributors: Teddy Borth, Jennie Forsberg, Grace Hansen

Design Contributors: Dorothy Toth, Laura Mitchell

Library of Congress Control Number: 2018931835

Publisher's Cataloging-in-Publication Data

Names: Hansen, Grace, author.

Title: Taj Mahal / by Grace Hansen.

Other title: Taj Mahal. Spanish

Description: Minneapolis, Minnesota : Abdo Kids, 2019. | Series: Maravillas del mundo |
    Includes online resources and index.

Identifiers: ISBN 9781532180552 (lib.bdg.) | ISBN 9781532181412 (ebook)

Subjects: LCSH: Taj Mahal (Agra, India)--Juvenile literature. | Architecture, Mogul Empire--
    Juvenile literature. | Agra (India)--Buildings, structures, etc--Juvenile literature. | Taj Mahal-
    -History--Juvenile literature. | Spanish language materials--Juvenile literature.

Classification: DDC 726--dc23

Contenido

El Taj Mahal

El Taj Mahal está en Agra, India.

India

5

El Taj Mahal tiene más de 370 años de antigüedad. Shah Jahan de la **dinastía** mogol reinaba en la India en ese momento. Se coronó a si mismo **emperador** en 1,628.

Jahan tenía muchas esposas, pero Mumtaz Mahal fue la que más amó. Se murió en 1,631.

9

A Jahan se le rompió el corazón con su muerte. Quiso construir una gran **tumba** para enterrar a Mumtaz.

El secreto está en los detalles

La construcción del Taj Mahal empezó en 1,632. Necesitaron más de 1,000 elefantes para mover todos los materiales. Después de 12 años y 20,000 personas trabajando, acabaron la **tumba**.

La **tumba** está hecha de **mármol** blanco. Hay una cúpula grande encima de la tumba. Cuatro **minaretes** la rodean. Entre otras cosas hay jardines y piscinas.

Cada zona está decorada con detalles bonitos. Hay diseños tallados en el **mármol**. Hermosos cerámicos cubren los pisos. Las paredes y los arcos están pintados y recubiertos de azulejos.

Un **emperador** nuevo tomó el poder en 1,658. Jahan murió en 1,666. La caída del Imperio mogol llegó varios años más tarde. El Taj Majal quedó abandonado.

18

19

El Taj Mahal hoy en día

Los planes para su reparación empezaron a finales de 1,800. Hoy en día es un símbolo de la cultura de la India. Tiene muchos visitantes cada año.

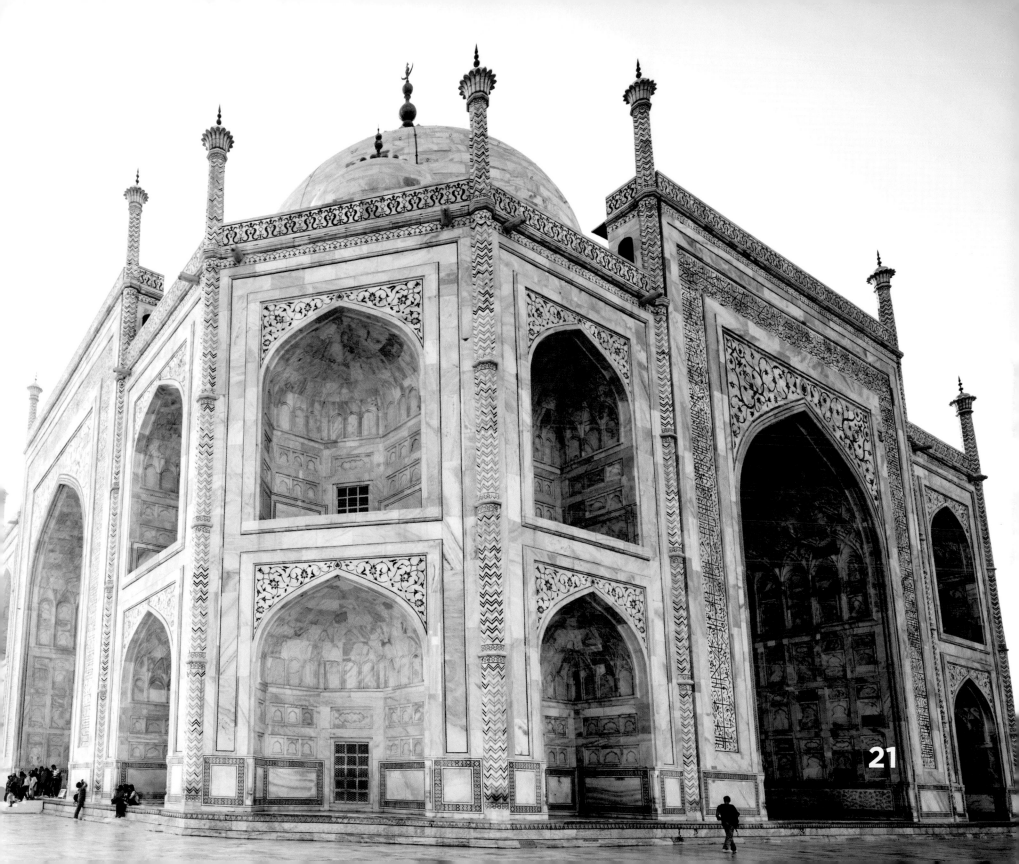

Más datos

- Mumtaz Mahal significaba "la elegida del palacio" o "la joya del palacio".

- Parte del Taj Mahal es la **mezquita** situada al oeste de la **tumba**.

- En dólares americanos de hoy en día, el Taj Mahal costaría más de mil millones de dólares construirlo.

Glosario

dinastía – serie de dirigentes de la misma familia o grupo.

emperador – dirigente varón de un imperio.

mármol – tipo de piedra que se puede cortar y pulir hasta que se convierte en una superficie dura y brillante.

mezquita – templo musulmán para rezar.

minarete – torre alta y fina con una plataforma en lo más alto, que sirve para que una persona emita el llamamiento a la oración para los musulmanes.

tumba – estructura construida para meter el cuerpo de una o más personas muertas.

Índice

Abdo Kids
ONLINE
FREE! ONLINE MULTIMEDIA RESOURCES

¡Visita nuestra página abdokids.com y usa este código para tener acceso a juegos, manualidades, videos y mucho más!

Código Abdo Kids:
WTK4442